IN CONVERSAZIONE CON
DUANE MICHALS

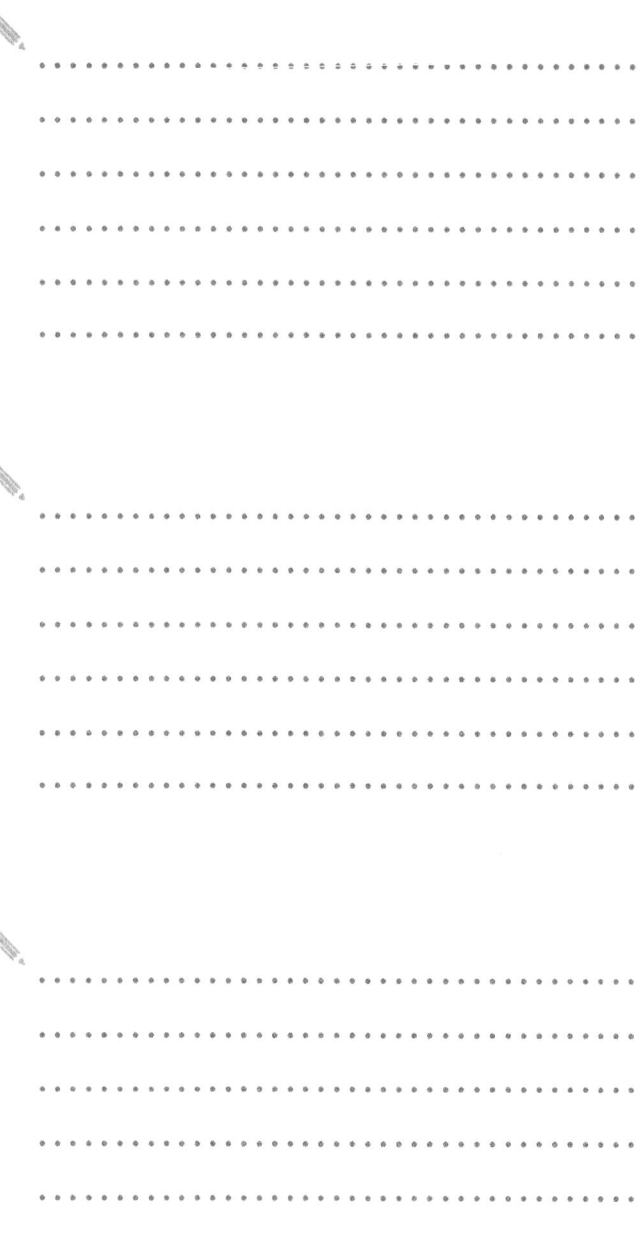

Duane Michals:
tutti i fotografi mentono continuamente

. . . .

Duane, hai iniziato a fotografare negli anni in cui Robert Frank documentava l'America, Richard Avedon faceva rigorosi ritratti in studio e tutto il mondo celebrava l'istante decisivo di Cartier-Bresson. Come sono entrate in tutto questo le tue sequenze fotografiche?

A metà degli anni '60, il paradigma della fotografia era esattamente quello che tu hai descritto. Potevi essere Robert Frank, Cartier-Bresson, Ansel Adams, ma il fotografo era essenzialmente qualcuno che fotografava la realtà. Non ho mai frequentato una scuola di fotografia, e non sono nemmeno mai stato un fotografo amatoriale, così quando sono diventato un fotografo non ero interessato a diventare un altro Robert Frank, anche se pensavo che lui fosse un genio. Sono sempre stato interessato alla lettura, al racconto delle storie, e ho capito che c'era una differenza sostanziale tra fare il reporter per un giornale e scrivere un romanzo. Il giornalista deve documentare i fatti, mentre il mio caso è simile a quello di uno scrittore che inventa storie, non che riporta storie.

Nella tua mostra in Italia, al SI Fest di Savignano, c'è una fotografia che sintetizza ciò che da sempre i fotografi tentano di spiegare in centinaia di scritti, conferenze, interviste. Il titolo della fotografia è "Self portrait as someone else" e compaiono due persone, tu che fotografi e il soggetto. Insomma, ogni ritratto è il ritratto di se stessi e, d'altra parte, un autoritratto può realizzarsi tramite un'altra persona.

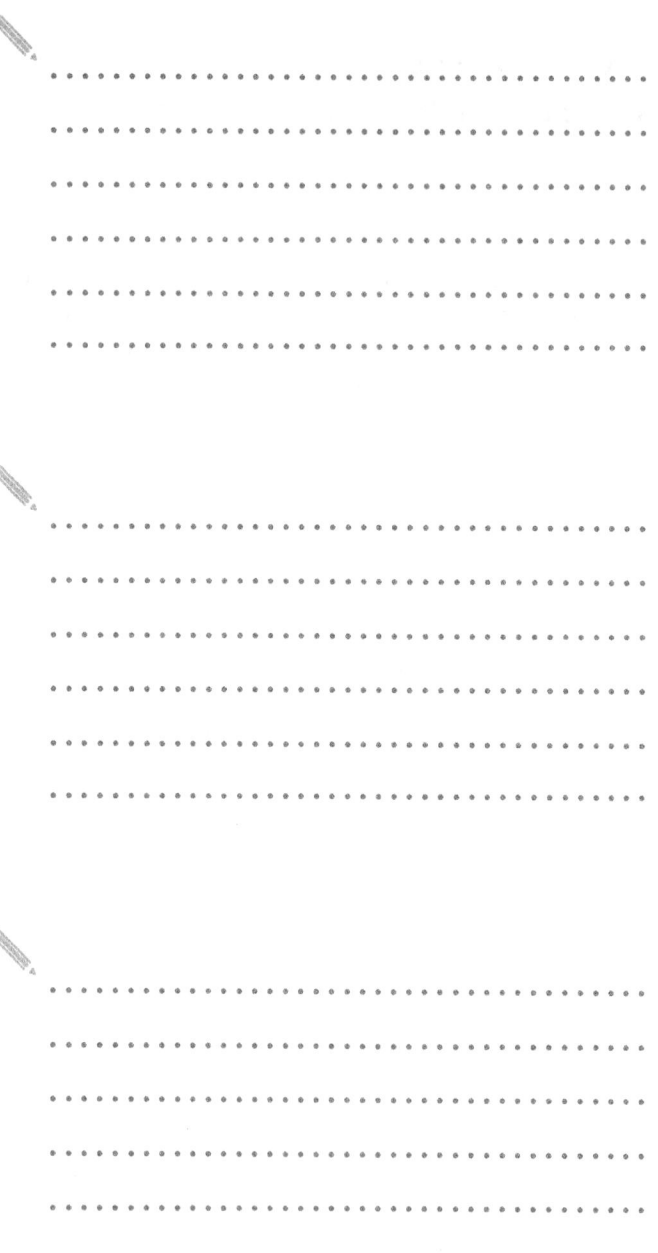

Ho fatto quella fotografia molti anni fa. Sono sempre stato affascinato dalla ricerca dell'identità, non tanto per quanto riguarda la superficie come poteva essere per Cindy Sherman attraverso i vestiti, ma in un senso più psicologico per capire chi siamo come uomini, come donne. Ci sono molte possibilità per presentare la mia persona, ed una di queste è attraverso un'altra persona. È molto complicato spiegare questa relazione.

Hai sempre ragionato sul ritratto. Dopo tutti questi anni, sei arrivato ad una conclusione o il tuo pensiero è sempre in evoluzione?

Ho scritto molto sul ritratto. Ho sempre avuto problemi con quello tradizionale e non capisco perché le persone, per realizzare un ritratto, devono documentare il volto. Ci sono due tipi di ritratti: lo "stand portrait", in cui il soggetto guarda in macchina e viene documentato il suo volto, e il "prose portrait", in cui non è necessario fare una scansione del viso, e questo ritratto ti racconta la storia delle persona che stai fotografando. Magritte realizzava dei "prose portraits", perché niente era rappresentato come appariva, ma ognuno di noi riusciva ad entrare in ciò che questi soggetti facevano, nella loro natura.

Un ritratto nasce sempre dal volto?

No. Per il New York Times ho fatto un auto ritratto in cui ero di spalle, veniva inquadrata la mia testa mentre leggevo un libro, e nel libro stavo scrivendo "I think about thinking". Il punto è che io passo gran parte del tempo a leggere e a pensare a ciò che sto leggendo, e questo è più realistico di un auto ritratto che mostra la grandezza del mio naso o il colore dei miei occhi. A chi importa quale è il mio aspetto? Importa di più sapere come funziona la mia mente e dove arriva la mia immaginazione.

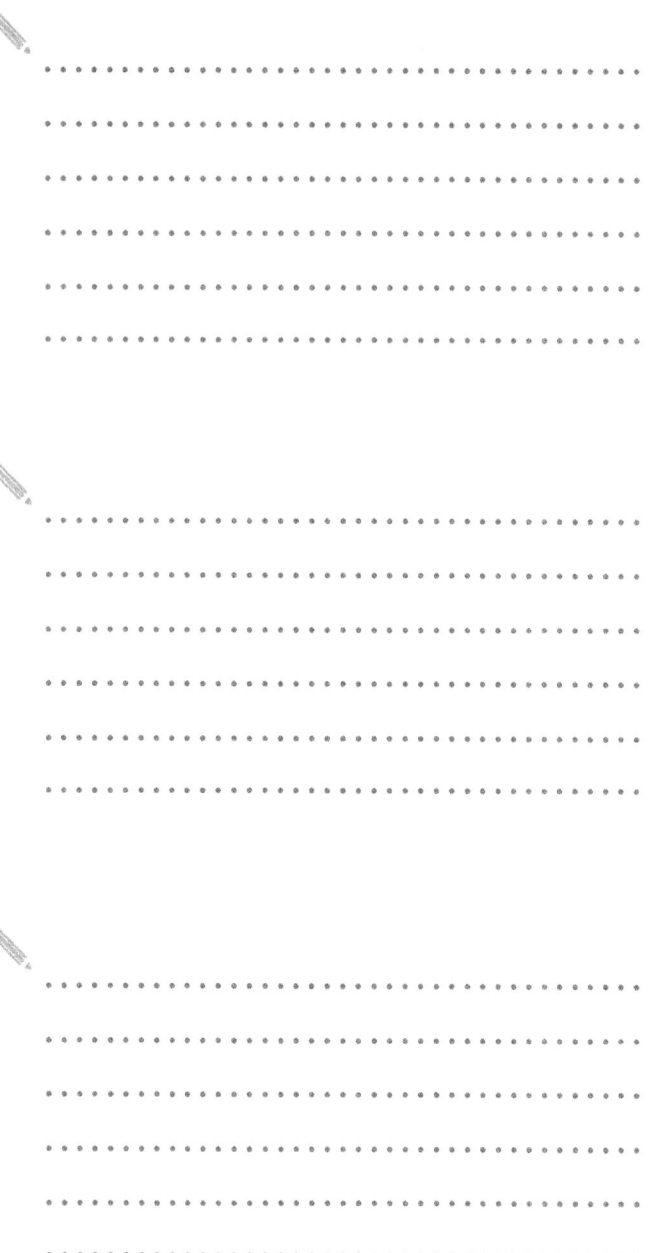

C'è voluto molto coraggio per passare dagli incarichi per le aziende, dall'advertising, ad una ricerca personale così profonda. Tra l'altro, in un periodo in cui non c'erano tutte queste gallerie che si occupavano di fotografia; la fotografia era estranea al mercato dell'arte.

Esatto. Quando ho iniziato le mie ricerche, c'erano poche gallerie d'arte che si occupavano di fotografia ed erano tutte underground. Io facevo advertising per Life e altri magazine. Ho iniziato a fare cose che mi interessavano ed è stato molto interessante portare la fotografia nelle gallerie perché in quel contesto, in quel mercato, la fotografia era una forma d'arte più democratica.

Non hai mai smesso di fare lavori commerciali.

Assolutamente no, l'ho fatto ancora per molti anni. Io mi sono divertito molto a fare advertising, non c'è mai stato un conflitto con i miei lavori privati. Ma non avevo uno studio, non volevo trasformare la fotografia in un grande business, non ho mai voluto lavorare come Richard Avedon, non ho mai voluto avere venti assistenti. Ho sempre amato lavorare in piccoli ambienti, più intimi, non trasformare il mio mestiere in una industria. Ed è così che ho fatto, giorno dopo giorno.

Non avevi uno studio e così hai portato i tuoi soggetti fuori, in strada. Molte scelte stilistiche nascono da esigenze pratiche.

Mi ha sempre annoiato lavorare in studio, di fronte a fondali di carta. Ho sempre cercato di trovare location e di pensare a come inserire il soggetto nell'ambiente circostante. È sempre stata la mia sfida.

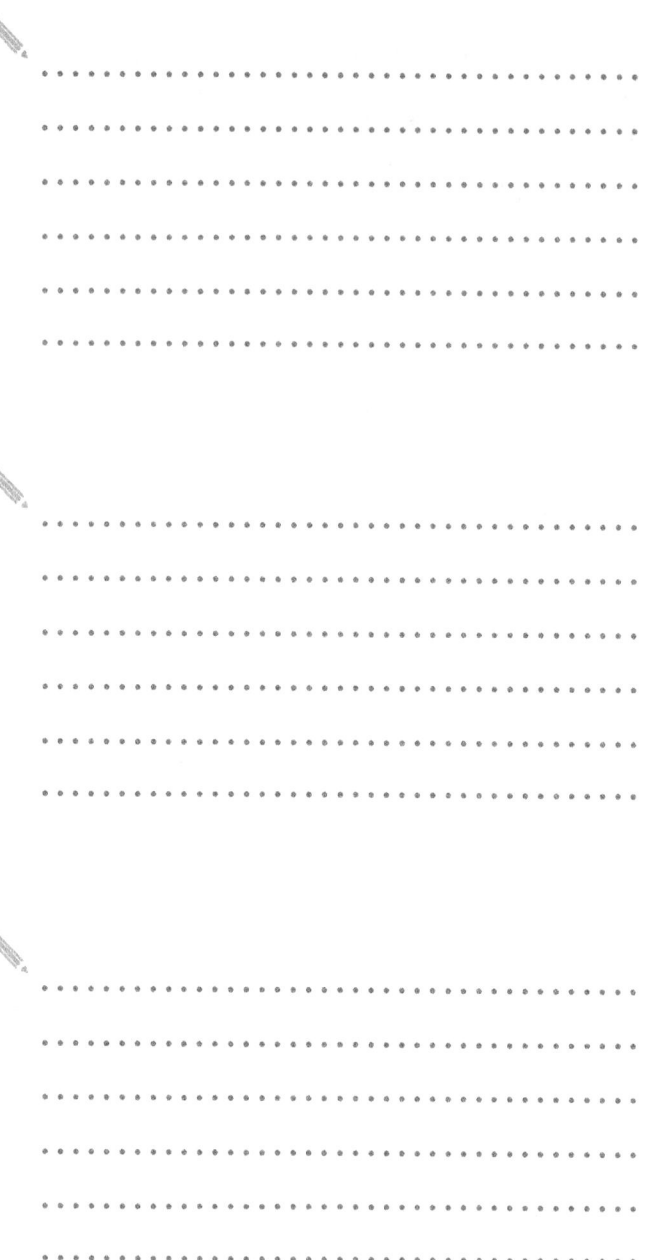

Hai bisogno di molto tempo per sintetizzare i tuoi pensieri, i tuoi ragionamenti, in una fotografia?

No, è sempre stato molto istantaneo. Ho sempre scattato di istinto, ho un grande intuito nel quale ho sempre avuto fiducia. Fare foto, per me, è sempre stato molto automatico.

Perché quando parliamo di fotografia il focus è sempre sulla "verità"?

Si spera che sia sulla "verità". I fotografi di Donald Trump mentono continuamente, i fotografi di moda mentono continuamente, tutti i fotografi mentono continuamente. Chi fa fotografia di documentazione ha sempre un proprio punto di vista sul disastro che sta fotografando. La verità è sempre il soggetto più importante, ma è il soggetto più difficile.

Aggiungi alle tue immagini i testi, la grafica, la pittura. Non riesci a sintetizzare con il solo utilizzo della tecnica fotografica?

Dicevamo che i fotografi mentono sempre. La parola chiave del mio lavoro non è "fotografia" ma "espressione". Come posso esprimere me stesso, le mie idee? Posso mostrarti la fotografia di una donna bellissima, ma come posso dirti se è una bugiarda, se è una madre… che cosa può mostrarti il volto di qualcuno? Dove la fotografia non arriva, devo scrivere, devo intervenire con altri mezzi.

Per molti fotografi è stato semplice definire se stessi tramite il proprio campo di interesse, il proprio settore. Per te è più complesso, non riesci a definirti tramite ciò che fai.

"

Ci sono due tipi di ritratti:
lo "stand portrait", in cui il
soggetto guarda in macchina
e viene documentato il suo
volto, e il "prose portrait", in
cui non è necessario fare una
scansione del viso.

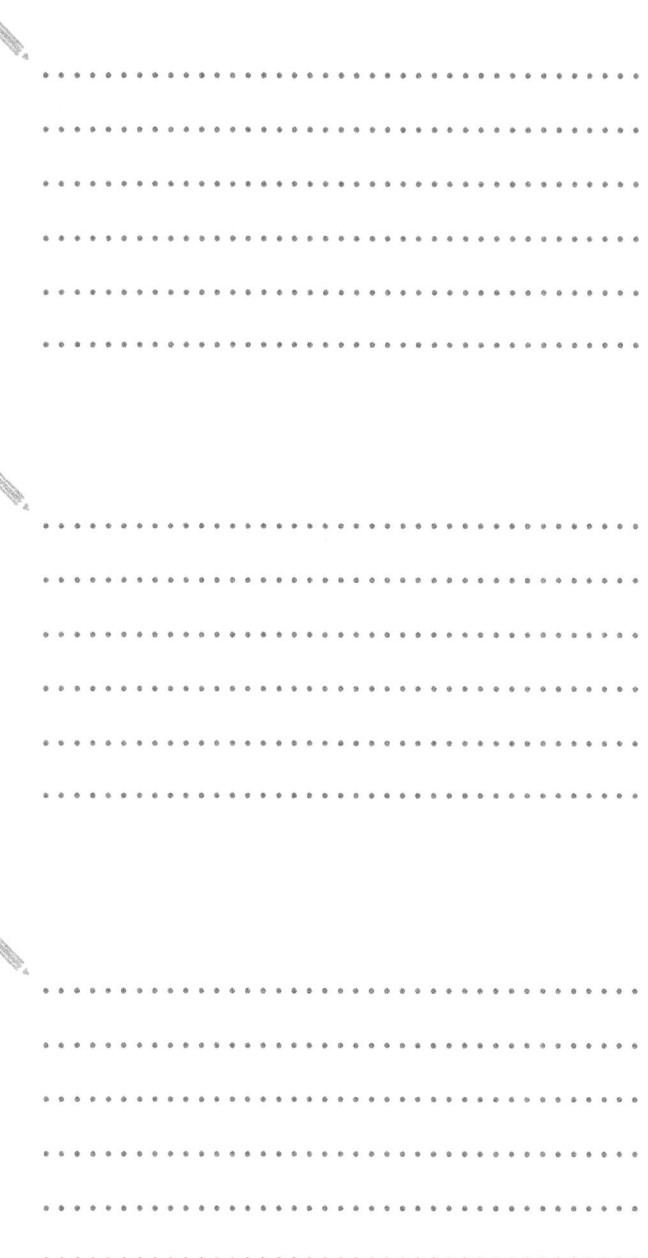

È complicato, perché io ho sempre cercato di esprimere il sentimento più che il fatto. Se scatti fotografie di una manifestazione, ci saranno persone con le bandiere, altre che sorridono, altre che avranno difficoltà a muoversi nella folla. Tutto questo puoi documentarlo. Ma come puoi esprimere, per esempio, l'amore? O la tristezza? Se muore qualcuno che ami, come lo rappresenti? Attraverso il pianto di chi resta o l'assenza? La tristezza è pressoché impossibile da rappresentare e io ho sempre cercato i modi per rappresentare questo tipo di sentimenti.

Pensi di essere sempre stato compreso?

Il potere della fotografia è che rende le cose più semplici e accessibili. C'è una mia fotografia in cui ci sono un uomo e una donna su un letto e sotto ho scritto "c'è stato un tempo in cui eravamo vicini, in cui ci amavamo ancora". Quando mostro questa fotografia, tutti possono comprendere quanto queste persone siano state importanti l'uno per l'altra, e che questa relazione è ormai finita. Io ho sempre sperato di rintracciare i sentimenti più complessi e di renderli il più semplice possibile, su più livelli, non solamente grafici, ma anche emozionali e psicologici.

Sei mai stato interessato a cambiare la nostra opinione del mondo?

No, non ho mai voluto cambiare nulla. Ho realizzato, specialmente ora che ho ottantaquattro anni, che quello che ho sempre voluto fare è dire a voce alta "this is what I felt, this is what I thought". Questo è tutto.

Ho letto che sei orgoglioso di non avere mai studiato fotografia.

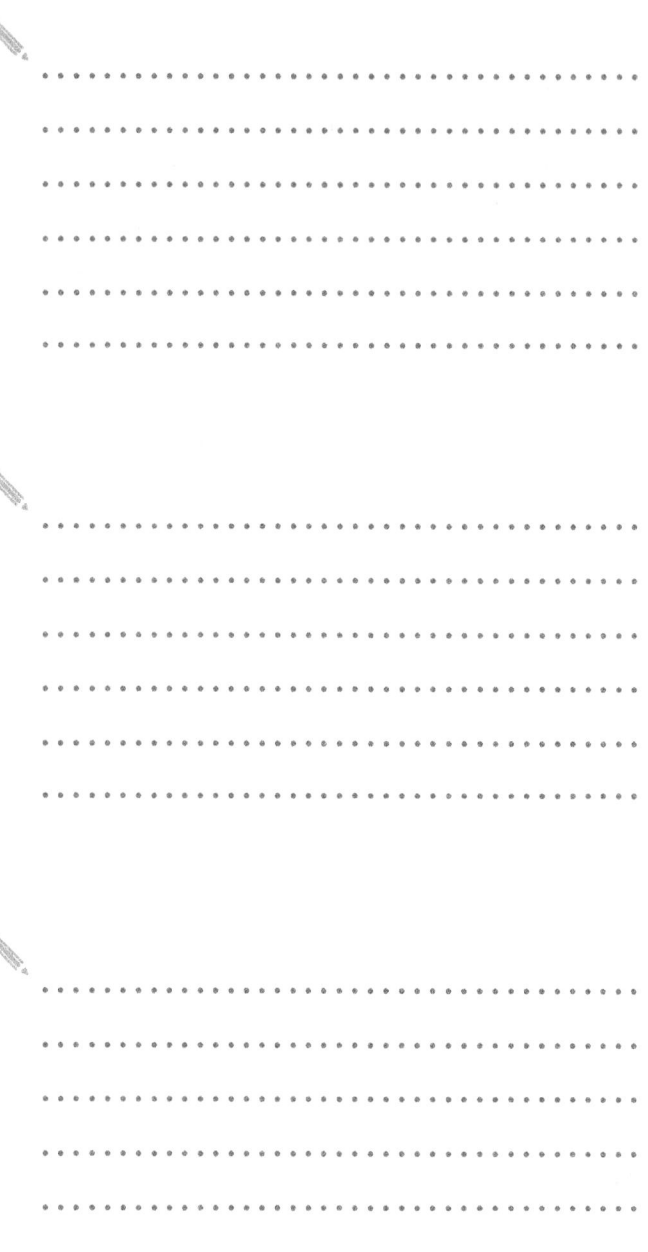

Oh certo! Gli insegnanti ti insegnano le regole, ti dicono: così si fanno le fotografie, questi sono gli angoli, queste le linee, questo è il modo migliore di guardare. Altri ti insegnano la storia della fotografia. Ma tu devi dimenticare chi è Robert Frank, devi dimenticare chi è Diane Arbus, devi prima scoprire chi sei tu. E il modo migliore per scoprirlo è tuffarti in acqua e imparare a nuotare.

New York e l'America continuano ad ispirarti?

Non sono mai stato uno di quei fotografi che sentono il bisogno di attraversare l'America per trovare ispirazione. Ho fotografato New York una sola volta, era quasi deserta e mi ha ispirato. Per quasi tutti i fotografi americani, fotografare l'America è stato un passaggio obbligato, seguendo la strada di Robert Frank. Per me New York è stato il luogo della mia ispirazione, non la fonte della mia ispirazione.

Ma da giovane ti sei spostato da Pittsburgh a New York perché non era possibile fare arte in quella città industriale.

Sì, è vero. In ogni luogo, c'è una grande città in cui i talenti vanno per scoprire il mondo. C'è stata Parigi, c'è stata Londra, c'è stata New York. Sono città in cui andare per sviluppare la propria vita, per scoprire la propria poesia. Questo è il motivo per cui sono andato a New York, perché a New York tutto era possibile, a Pittsburgh nulla era possibile.

Oltre alla scelta di andare a New York, ci sono stati altri momenti chiave della tua vita?

Ci sono state esperienze interessanti che sono state anche terribili. Sono stato due anni nell'esercito durante la guerra

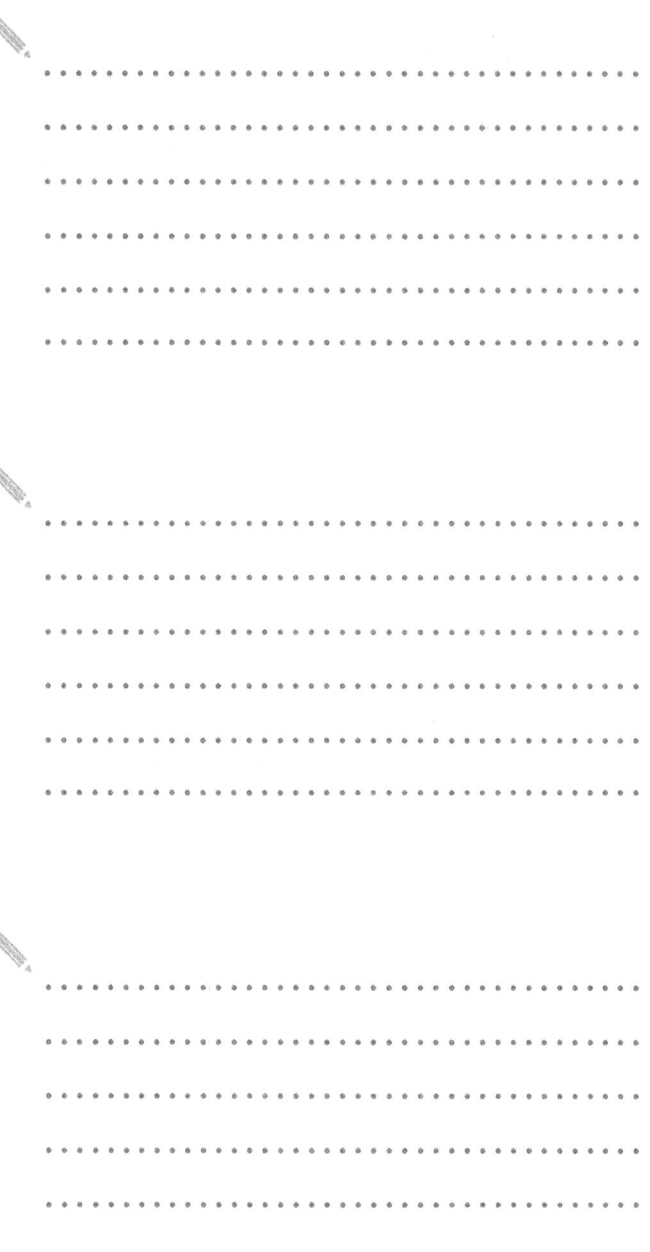

di Corea, questa è stata l'esperienza peggiore. L'esperienza migliore è stata andare in Russia quando avevo venticinque anni ed è stato durante quel viaggio che ho scoperto la fotografia.

Oggi le tue sequenze fotografiche potrebbero essere ricreate con il computer, per esempio. Sei interessato a questo argomento?

Certo. Non sono uno snob. Ho naturalmente sempre usato la pellicola ma da qualche anno ho una fotocamera digitale, e amo questo mezzo. Rende tutto più semplice, più immediato. Amo l'idea di creare con il computer.

Sei mai stato competitivo con qualcuno nel mondo?
In fotografia?

Sì, nel tuo mestiere.

No, e ti spiego perché. Nessun altro fa quello che faccio io. Ho letto molti libri, ho suonato varie melodie in modi sempre diversi. Ci sono molti ritrattisti, molti fotografi di reportage, ma solo io appartengo alla mia categoria. Ovviamente, sono sempre stato competitivo con me stesso, cerco risposte sempre migliori alle mie domande più private.

Intervista realizzata il: 11 Settembre 2016
da Enrico Ratto

www.maledettifotografi.it